# 熊野

〔作者〕 世阿彌元淸。

〔資材〕 平家物語巻十「海道下りの事」に、平重衡が池田の宿に着いてからの事を叙して、「池田の宿にも着き給ひぬ。かの宿の長者熊野が女侍從の許に、その夜は三位宿せられけり。（中略）やゝあつて、中將梶原を召して、さても只今の歌の主は奈何なる者ぞ、優しくも仕りたるものかなと宣へば、景時畏まつて申しけるは、（中略）あれこそ屋島の大臣殿の、未だ當國の守にて渡らせ給ひし時、召され參らせて、御最愛候ひしに、老母をこれに止め置き、常は暇を申しゝかども、賜はざりたれば、頃は三月の初にてもや候ひけん、いかにせむ都の春も惜しけれど馴れし東の花や散るらむ、といふ名歌仕り、暇賜はつて罷り下り候ひし、海道一の名人にて候とぞ申しける」、とあるのに據つたものであるが、これに出ると、宗盛の愛したのは熊野の女の侍從らしく、それを本曲では熊野としてゐるのである。又本曲の「文之段」は、伊勢物語第八十四段に基づいたものである。

| | |
|---|---|
| 曲柄 | 三番目 |
| 季節 | 三月 |
| 稽古順 | 一級 |
| 所 | 前 京都 平宗盛邸<br>後 同 洛東淸水寺 |

〔構想〕 平宗盛の寵妾熊野は、故郷遠江から朝顔が持參した病母の手紙を宗盛に見せて、暇を乞うたが、却つて花見の供を强ひられ、やむなく同車して淸水に往き、花の下の酒宴の席で、宗盛に所望され、心ならずも舞を舞うたが、舞半ばで俄に村雨が降り出し、花を散らすのを見て、いかにせん都の春も惜しけれど馴れし東の花や散るらん、と歌を詠んで短冊に認め、宗盛の前に差出すと、流石の宗盛も哀れに思つて暇を與へ、熊野は、これも淸水觀音の御利生であると、喜び勇んで、その儘東をさして歸つた。櫻の花の雨に散る風情を內に憂ひを含む麗人の姿に結び着け、雨に散る花の下で、老母の身の上を氣遣ひながら熊野が舞を舞ふ所を中心にして構想したものである。所は、櫻の名所として京都人に最も親しみのある淸水を選んだ。道筋を細かく述べた淸水までの道行の文句も、京都人を對象としての効果を狙つたのであらう。

〔附記〕 禪竹の歌舞髓腦記に曰はく、「遊屋。寵深花風。（中略）たゞ上類の心姿なるべし。殊に此風姿春の曙の如し。」

# 熊野

## —曲　趣—

多くの鬘物の中でも「松風」と共に最もよく知られた曲である。鬘物の本格的なものは、第一に女主人公の身分が高貴の階級に屬すること、第二に女主人公は遠い昔の貴婦人でありその幽靈として舞臺の上に現はれること、第三に女主人公の舞踊は大小序之舞であること、その結果として、第四に幽玄を主調とする曲であること、また第五にワキは女主人公の冥福を祈る旅僧であること等を條件とするが、「熊野」はその條件のいづれにも當て嵌らない。

第一に身分は遊女であり、第二に現在生きてゐる女であり、第三に舞踊は大小中之舞であり、第四に幽玄の情趣はありながらも更にそれに加ふるに複雜な心的變化を見せるやうに出來て居り、第五にワキは女主人公と同時代人なる貴族である。要するに此曲の興味は鬘物の本格的條件から外れてゐる所にある。卽ち世話物的な人情味に富んでゐるところにある。つまり、戲曲的なところにある。

## —節譜解說—

○何とか御入り候らん——所謂當リ下ゲである。音階推移は左表の通り。

なにとかおんいりさふらふらーアん

○生死の掟をば遁れ給はず——所謂入リ崩シである。音階推移は左の通り。

しやうーじのおきてをばのがれたまアはず

○淚ながら書き留む——此句の音階推移は左表の通り。

なみーイだながらーかきとどーむー

（この崩シは下音と呂音の中間に在る音位）

○誰か言ひし春の色——下歌は其の前のサシの調子を受けずにカヘて謠出すのが原則だが、此處は特にカヘずに前のサシの調子を受けて謠出す。

○地藏堂よと伏し拜む——此句の拍子當リは左の通り。

—1 —2 —3 —4 —5 —6 —7 —8
ぢ…ぞン…だ…うよと…ふしおがむー

○闡提救世の方便あらたに——此句の拍子當リは左の通り。

—(1) —(2) —(3) —(4) —1 —2 —3 —4 —5 —6 —7 —8
せ…んだーアいぐせのーー。ほ…うべん…あらた…に

○念誦して母の祈誓を申さん——此句の拍子當リは左の通り。

—(1) —(2) —(3) —(4) —1 —2 —3 —4 —5 —6 —7 —8
ね…んじゆし…てはーアはのき…せいを…まうさんーー

○娑羅雙樹の理なり——此句の拍子當リは左の通り。

—1 —2 —3 —4 —5 —6 —7 —8
しや…らさう…じゆのこ…とわりなりー

# 一

女主人公は故郷に病臥してゐる老母の重態を思ひ煩つて、生前に一目なりと見たいと焦つてゐる。その不安の心を包んで主君の花見の宴に侍らねばならぬ境地に置かれてある。花は美しく咲いてゐる。それを見るにつけても、やがて散るべき花の運命が母の身の上を思ひ出させる。淸水に着いてもまづ觀音の前に念誦して母の命を祈る彼女であつた。主君に召されて花の下で舞つてゐると、驟雨が無慙にも花を散らす。彼女の心は抑へられなくなつて一首の歌を詠んだ。それが主君の同情に訴へて、意外にも解放される。彼女の心は初めて躍り勇んで花見の席を去る。――さういつた幾段もの心境の變化が此の曲を限りなく面白いものにする。

咲き誇つた華麗な花を背景に用ひ、その花の脆い運命を象徵として人の命の果敢なさを思はせる。歡樂と哀愁と、哀愁と救濟と、及び、權勢と拘束と、拘束と解放と、その推移を見せるために十分の情緒が盛られてある。

能としても謠としても、その情緒の變化が表現の主眼でなければならぬ。

○生者必滅の世の習ひ――此句の拍子當りは左の通り。

—(1)—(2)—1—2—3—4—5—6—7—8
しゃーォう…じゃひつ…めつのーよのならひ。

○花やあらぬ初櫻の云々――此處の拍子當りは左の通り。

—1—2—3—4—5—6—7—8—1—2—3—4—5—6—7—8
はなや…あらぬ…はつざ…くらの…ぎをん…ばやし…しもがはらー

○熊野權現の移ります云々――此處の拍子當りは左の通り。

—1—2—3—4—5—6—7—8—1—2—3—4—5—6—7—8
ゆ…やごーォんげんの…うつり…ますーウみなも…おなじーいまぐまの。

○たゞ頼め頼もしき云々――此處の拍子當りは左の通り。

—1—2—3—4—5—6—7—8—1—2—3—4—5—6—7—8
ただ…たのめーたのも…しィき…はるも…ちぢの…はなざかーり

○あら心なの村雨やな春雨の――「村雨やな」は所謂「スクフ節」で、「さ」の生ミ字で上ノウキへ浮き、「や」の生ミ字を上音と中ノウキの中間へ下げ、「な」で上音に復す。從つて「る」のハルは改めて謠ふ必要がない譯である。

○これ觀音の御利生なり――「觀音」の「くゎ」の音頭より下音に下げ、次の「ん」に及ぼし、其の音尾を扱ひ、「お」で中音へ戻す。

○花を見捨つる雁の――此句の拍子當りは左の通り。

—(1)—(2)—(3)—(4)—1—2—3—4—5—6—7—8—1
はなーをーンみ…すつる…かりが…ねのーォ

「の」の入リ廻シはタツプリと謠つて其の音尾を中ノウキへ下げる。「それは」の「そ」にハルがある爲である。

名も淸き

## ―舞臺鑑賞―

最初に名ノリ笛でワキ平宗盛が太刀持をつれて登場し名ノリの後、脇座へ行き床几にかゝる。次で囃子は次第となつてツレ朝顏が登場して熊野を迎ひに上つて來た由を述べて、橋懸で幕へ向つて案内を乞ひ、一旦後見座へくつろぐ。

會釋の囃子でシテ熊野が現れ、橋懸三ノ松に立つて故鄕の老母を案ずる心を謠ふ。ツレは立つて行き文を渡すと、シテは一見して母の病が篤いのに驚き、ツレを從へて舞臺へ入りワキにその由を訴へる。所謂文之段で、老母が綿々たる情緒を書きつらねた文を熊野は涙ながらに讀む。

切々たる老母の文も熊野の哀願も、宗盛を動かすに至らず、遂に花見車に同車して東山に向ふ。二ノ同「牛飼車寄せよとて」の打切に車出シの囃子が入つて後見方は花見車を舞臺目附柱に出し、シテはこれに乘り、ワキは左方に、ツレとワキツレは後方に立つ。上歌からロンギの謠は一行が東山へ向ふ道行で、車中のシテは僅かに左、右とウケる所作をするに過ぎないが、春色駘蕩たる洛中洛外の景趣と、病母を思ふてうち沈む熊野の心情とを描いて剩す所がない。

淸水に著いて車を下りたシテは觀世音に祈誓の態で舞臺正面先へ出て合掌する。後見方は車の作物を引く。熊野は進まぬ心を引き立てゝ花下の酒宴に侍るのである。

[illegible]

—[illegible]畫[illegible]賛—

[illegible]

クセは舞グセで基本的の所作を繰返し、終つてワキへ酌をすると、ワキはシテに一さし舞へと所望し、玆にシテは涙を隱してイロエ掛の中之舞を舞ふ。この舞は病母を案じて一刻も早く歸國せんとの心で舞ふのを習とする。

舞のトメに「なう〳〵俄かに村雨のして」とワキ正面を見上げ花の散るを眺め「あら心なの」と右へノリ込「春雨の」とサシて角へ行き、扇カザシて空を見上げ「降るは涙か」と面クモラシて心持し左へ廻り「散るを惜まぬ人やある」と扇左にとつて常座から地頭座前へ出て落花をうけ、又正面先へ出て散り來る花をうけ、シオリながら右へ廻つて正中に出て坐る。この所甚だ優婉の情趣に富む演出である。

イロエは短冊之段と呼ぶもので、シテは袂から短冊を取出して左手に持ち、扇を筆に擬らへて一首の和歌を認め、これを扇面に載せてワキに持參する。墨次之傳・膝行留の小書は此處にある習である。

ワキはこの歌に感動して暇を許すので、シテは驚喜してこれも觀音の御利生と正面へ向ひ合掌し、地の「これまでなりや」で手を下し「たゞこのまゝにお暇と」と立ち常座へ行き又戻つて正面へ出て晴々とした心持で「明け行く後の山見えて」と雲の扇をし「花を見捨つる雁の」と角へ行き廻つて脇座からサシて常座へ行き「東に歸る名殘かな」とトメ拍子を踏む。

―辭　解―

○池田の宿――靜岡縣磐田郡池田村。往昔は天龍川の西岸であり、古い宿驛。

○長――長は長者の略。多くの遊女を抱へて旅客をもてなす大旅館の女主人。

○熊野――平家物語では、宗盛の寵を受けた女性は、長者熊野の娘侍從である。

○老母の勞り――老母の病氣。

○夢の間惜しき――暫くの間も惜しい春故に、散らぬ前に花を見ようとの意に、老母の餘命のある中に熊野を迎へようとの意を含めてゐる。

○旅の衣の日も――旅の日數も重つて。

○夢も數添ふ假枕――旅寢の數も重なり又假枕にむすぶ夢の數も積つて。

○草木は雨露の惠み――本朝文粹、源順の賦「草樹皆告二雨露之恩一」に據る。

○養ひ得ては――和漢朗詠集、紀長谷雄の詩句「養得自爲二花父母一」に據る。

○心もとなや――心配な案じられる事よ。

○笑止や――困つた事。氣の毒な事だ。

○便なう――不都合な。ぶしつけな。

○見參に入れ――御目にかける。

○甘泉殿の春の夜の夢――漢の武帝が寵姫李夫人と契りを籠めた甘泉殿の春の甘夢も、夫人の死によつて武帝傷心の種となり、唐の玄宗が楊貴妃と契つた驪山宮の圓かな語らひも、遂には楊貴妃の橫死による悲しい終局が來た。

○末世一代教主の如來――末世の衆生濟度の爲に一代法を說き給うた釋尊。

○生死の掟――生者必滅の理法。

○朽木櫻――老母自らを朽木櫻に喩へた。

○老の鶯――老母自らの譬。逢ふの序詞。

○淚に咽ぶ――逢ふ事無きを淚に言掛く

○親子は一世――親子の緣は現世のみ。

○老いぬれば――業平の歌。伊勢物語にある。「避らぬ」は不可避の意。

○長岡――京都府乙訓郡大原野村。

○千代もと――第一句「世の中に」。下句は「人の子の爲」。業平の返歌。

○徒なる玉の緒――儚い命の意。

○牛飼――車を引く牛を御する者。

○思ひの家――思ひに火を掛けて、佛說にいふ火宅の意を含めた。

○足弱車――車輪の弱い車。心の進みかねる譬に用ひた。

○淸き水の――淸水に言ひ掛けた。

○川は音羽――鴨川は音立てて流れ、音羽山の淸水の邊りは山櫻が盛りの意。

○春前に雨――百聯抄解の詩句「春前有レ雨花開早、秋後無レ霜落葉遲」を引く。

○山外に山――百聯抄解の詩句「山外有レ山山不レ盡、路中多レ路路無レ窮」を引く。

○山靑く山白く――百聯抄解の詩句「山靑山白雲來去」を引いた。

○誰か言ひし――和漢朗詠集、菅原文時の詩「誰言春色從レ東到」を引いた。

○河原おもて――鴨川に沿うた道路。

○車大路――五條橋の東、大和大路。

○六波羅――車大路の東にある寺。

○闡提救世の方便――闡提は此の文では救世闡提を指し、觀音菩薩を言ふ。觀音の救世の方便あらたかにの意。

○たらちね――此處は老母を指す。

# 劇評

○愛宕の寺――六道珍皇寺。六波羅の東にある。玉の緒を愛宕に言ひ掛けた。
○六道の辻―愛宕の寺の門前の邊の名。
○冥途に通ふ――小野篁がこの處から冥途に通つたといふ傳説に據つた。
○鳥邊山――京都東山の一部。荼毘所として有名。清水の南方に當る。
○聲も旅雁の――和漢朗詠集、劉元叔の詩句「北斗星前横ニ旅雁一」に據り、六道の辻の東方の北斗堂に言ひ掛けた。
○御法の花も――法花の名を含めて次の經書堂に連ねた。經書堂は清水坂にあり來光院といふ。
○子安の塔―清水坂にある泰産寺の塔。
○隙行く駒の道――莊子の譬喩を借りて「早程もなく」への序詞とした。
○車宿・馬留――共に清水寺門前にある。
○花車おりゐの衣――花見車を下りると織を掛け、衣・張・播磨・褐織・徒路・來・清水、と緣語掛詞の連鎖文。
○當座――即席に和歌を詠吟すること。
○思ひ内にあれば―孟子に「思有ニ於内一色形ニ於外一」とあるによる。
○花前に蝶舞ふ――百聯抄解の詩句に、「花前蝶舞紛々雪、柳上鶯飛片々金」
○花は流水に――詩句か。但出典不明。
○清水寺の鐘の聲――平家物語巻頭の有名な句に據つて作る。
○祇園精舍――印度祇樹給孤獨園の寺。
○娑羅雙樹――釋尊入滅の時、樹葉皆枯れて白色に變じたといふ樹。
○例ある――實際の事例ある樣相。
○半ばは雲に上見えぬ――捨てし世の中と半を掛け、高い形容より鷲の御山の序詞とした。鷲の御山は釋尊説法せられたといふ靈鷲山。
○寺は桂の橋――京都東山の正法寺の一名、靈鷲山桂橋寺を言ひ籠めた。
○立出でて峯の雲―立出でて見に掛く。
○祇園林・下河原――京都祇園八阪神社の南に連なる土地の名。清水の北方。
○大悲擁護の――平家物語、熊野參詣の條の「大悲擁護の霞は熊野山にたなびき」の文句に據つた。
○今熊野――後白河法皇の御願によつて應保元年に紀州熊野權現を勸請して建立した權現。新熊野ともいふ。
○薄紅葉の青かりし――古今著聞集に見える和泉式部稻荷參詣の時、小童の詠じたといふ「時雨する稻荷の山の紅葉ばはあをかりしより思ひ初めてき」の歌で綾なした文章。
○ただ頼め――新古今集に清水觀音の詠じ給うた歌と註した「なほたのめしめじが原のさしも草」の詠に據つた。
○音羽嵐――山の名の音羽の如く、音立てて吹く嵐に、落花の雪が散る意。
○深き情――深き物思ひを知つてくれる人なしの意。雪の緣語で深と連ねた。
○春雨の降るは――古今集、大伴黒主の歌「春雨の降るは涙か櫻花散るを惜まぬ人しなければ」を引いた。
○木綿附の鳥が鳴く――言ふに木綿を掛詞として、次の東路の序詞に置いた。
○關の戸ざしも――逢坂關の關守も孝心に感じて戸を明けるといふ意を含む。

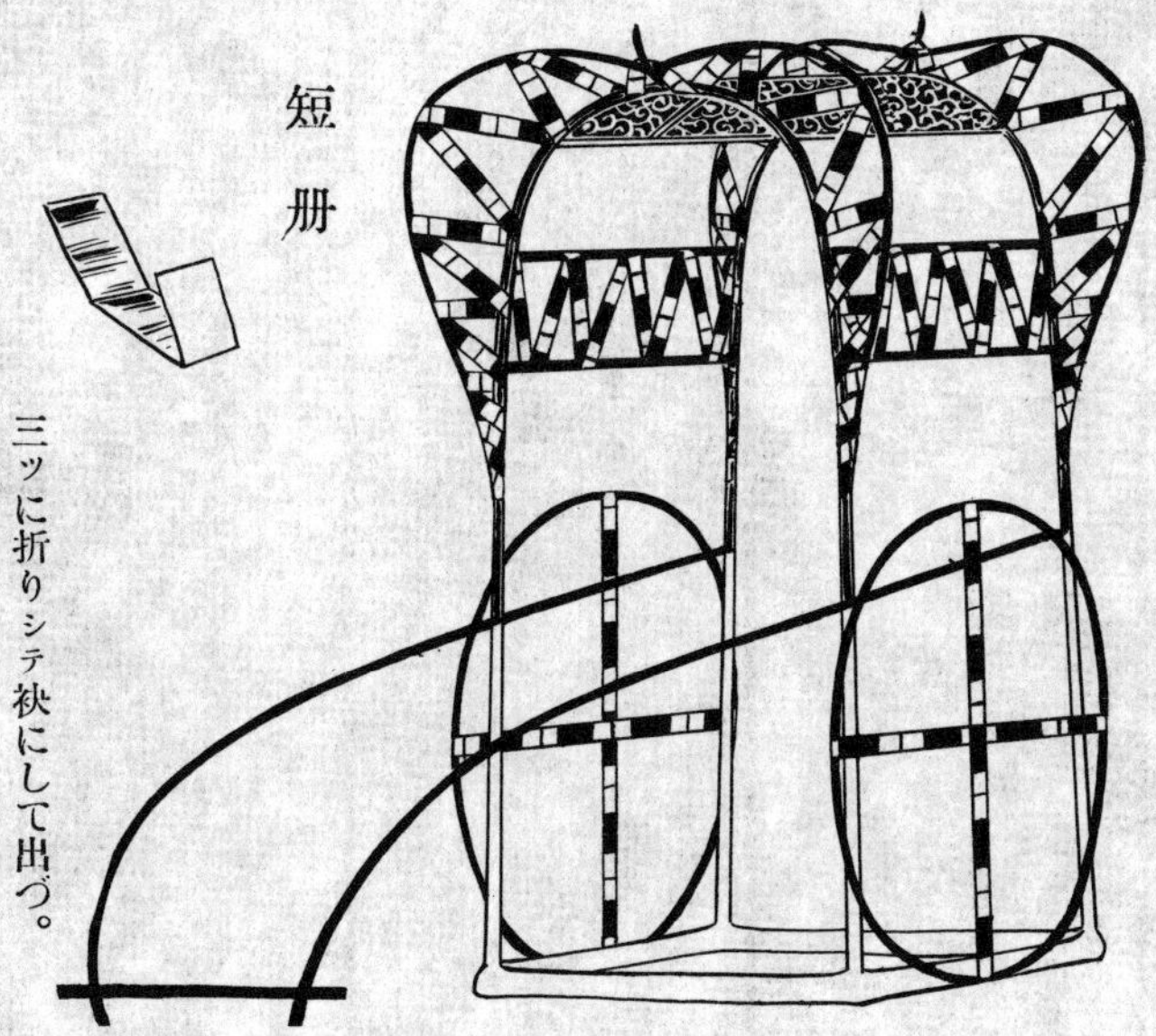

車

角臺輪三尺四方高サ六尺餘、轅兩輪を備へ紅緞を卷き飾る、簡潔にしてよく雅麗の趣を得たる作物なり。本曲の外、住吉詣、右近、小鹽等に用ふ。

短册

三ツに折リシテ袂にして出づ。

# 熊野

| 能ノ小書 | 村雨留　讀次之傳　膝行留　墨次之傳 |
|---|---|
| 太鼓 | 無シ |

| 役別 | | 装束附其他 |
|---|---|---|
| シテ | 熊野 | 面―若女又ハ深井、小面　鬘　紅入　鬘帯　襟―白二　著附―摺箔　紅入　唐織　鬘扇　短冊 |
| ツレ | 朝顔（侍女） | 面―連面　鬘　紅入鬘帯　襟―赤　著附―摺箔　紅入唐織　文 |
| ワキ | 平宗盛 | 風折烏帽子　襟―淺黄　著附―厚板　白大口　長絹又ハ單狩衣　繡紋腰帯　男扇 |
| ワキツレ | 從者（太刀持） | 襟―淺黄　著附―無地熨斗目　素袍上下　小刀　鎮扇　持太刀 |
| 間狂言 | 無シ | |
| 作物 | 車 | |

素謡座席順
ツレ　シテ
ワキ　ワキツレ

# 熊野

ワキ名宣

ワキ名宣「これは平の宗盛なり。さても遠江の國池田の宿の長をば、熊野と申し候。久しく都に留め置きて候が。老母の労りとて度々暇を乞ひ候へども。この春ばかりの花見の友と思ひ留め置きて候。いかに誰かある

ワキツレ「御前に候

ワキ「熊野来りてあらば此方へと申し候へ

ワキツレ「畏つて候

次第 ツレ「夢の間惜しき春なれや。夢の間惜しき春なれや。咲く頃花を尋ねん

ツレサシ

サシ「これは遠江の國池田の宿。長者の御内に仕へ申す。朝顔と申す女にて候。さても熊野久しく都に

御入り候が。この程老母の御労り
とて。度々人を御上せ候へども。
更に御下りもなく候程に。この
度は朝顔が御迎ひに上り候

道行

この程の。旅の衣の日も添ひて。
旅の衣の日も添ひて。幾夕暮の
宿あらん。夢も数添ふ仮枕。明かし



暮らして程もなく。都に早く。
着きにけり都に早く着きにけり
「急ぎ候程に。これははや都に着きて
候。これなる御内が熊野の
御入り候所にてありげに候。
まづ案内を申さばやと思ひ候。」
いかに案内申し候。池田の宿より

いかに案内申し候

いかに兼吉申しける[illegible]

是へ[illegible]

[illegible]

[illegible]

[illegible]

[illegible]

[illegible]

[illegible]

[illegible]

[illegible]

[illegible]

[illegible]

[illegible]

シテサシ

〔會釋〕シテ 朝顔が参りて候それ〳〵御申し候へ

サシ（ヨワ）拍子合 上 草木は雨露の恵み。養ひ得ては花の父母たり。況んや人間に於いてをや。あら御心もとなや何とか御入り候らん

ツレ 池田の宿より朝顔が参りて候

シテ なに朝顔と申すかあら珍しや。

この御文のやうも頼み少う見えて候

シテ さて御労りは何と御入りあるぞ

ツレ 以つての外に御入り候。これに御文の候御覧候へ

シテ あら嬉しやまづ〳〵御文を見うずるにて候。」あら笑止や。この御文のやうも頼み少なう見えて候

ツレ さやうに御入り候

シテ この上は朝顔をも連れ

[illegible]

[illegible]

[illegible]

[illegible]

[illegible]

[illegible]

[illegible]

三

たゝ[illegible]

[illegible]

[illegible]

[illegible]

[illegible]

草木[illegible]

[illegible]

て参り。又この文をも。御目にかけて。御暇を申さうずるにてあるぞ。此方へ来り候へ」誰か渡り候

ワキツレ「誰にて御座候ぞ。や。熊野の御参りにて候

シテ「わらはが参りたる由。御申し候へ

ワキツレ「心得申し候」いかに申し上げ候。熊野の御参りにて候

ワキ「此方へ来れと申し候へ



ワキツレ「畏つて候。此方へ。御参り候へ

シテ「いかに申し上げ候。老母の労り。以つての外にて候とて。この度は朝顔に文を上せて候。便なう候へども。そと見参に入れ候べし

ワキ「何と故郷よりの文とは。や。見るまでも

そと見参に入れ候べし

安[illegible]へしへ[illegible]

[illegible]御[illegible]

[illegible]

[illegible]

[illegible]申上[illegible]

[illegible]

[illegible]

[illegible]　四

いろ／＼申上まいらせ候[illegible]参らせ候

[illegible]御[illegible]申上候へ[illegible]申上まいらせ候

[illegible]参らせ候

[illegible]

[illegible]

[illegible]申上[illegible]

[illegible]参らせ候[illegible]

文之段
獨吟「甘泉殿の春乃夜の夢」ヨリ「涙ながら書き留む」マデ

なほそれにて高らかに讀み候へ

文

シテ 上
甘泉殿の春乃夜の夢。心を碎く端となり。驪山宮の秋乃夜の月終りなきにしもあらず。末世一代敎主乃如来も。生死の掟をば免れ給はず。過ぎにし如月の頃申しゝ如く。何とやらん此春は。





年古り増る朽木櫻。今年ばかりの花をだに。待ちもやせじと心弱き。老の鶯逢ふ事も涙に咽ぶばかりなり。たゞ然るべくハ宜きやうに申し。暫しの御暇を賜はりて。今一度まみえおはしませ。さなきだに親子ハ一世乃仲なるに。同じ

[illegible]

[illegible]

[illegible]

[illegible]

[illegible]

[illegible]

[illegible]

[illegible]

[illegible]

[illegible]

[illegible]

[illegible]

[illegible]

[illegible]

世にだに添ひ給はずハ。孝行にも
外れ給ふべし。たゞ返すぐも
命の内に今一度。見参らせたく
こそ候へとよ。老いぬればさらぬ。
別れのありと云へば。いよく
見まくほしき君かなと。古言まで
も思ひ出の涙ながら書き留む



小謡「そもこの歌と申すハ」ヨリ「詠みし事こそあはれなれ」マデ

上歌 地

「そもこの歌と申すハ。そもこの
歌と申すハ。在原の業平の。その
身ハ朝に暇なきを。長岡に住み
給ふ老母の詠める歌なり。
さてこそ業平も。さらぬ別れの
なくもがな。子代もと祈る子の
為と詠みし事こそ。哀れなれ

詠みし事こそあはれなれ

シテ（拍不合）中「今はかやうに候へば。御暇を賜はり東に下り候ひ

ワキ（サラリ）「老母の労りはさる事なれどもさりながら。この春ばかりの花見の友。いかでか見捨て給ふべき

シテ（カル（ヨワ）（不合））上「御言葉を返せば恐れなれども。花は春あらば今に限るべからず。これは徒なる玉乃緒の。永き別れとなりやせん。たゞ御暇を賜はり候へ

ワキ（カツテ確カリメニ）「いやいやさやうに心弱き。身に任せては叶ふまじ。いかにも心を慰め乃。花見乃車同車にて。（カルツヨク（不合））上 共に心を慰まんと

これハ徒なる玉乃緒の

同車して[illegible]

[illegible]

[illegible]

[illegible]

[illegible]

[illegible]

[illegible]

[illegible]

[illegible]

[illegible]

[illegible]

[illegible]

[illegible]

上歌 拍合 地上 「牛飼車寄せよとて。牛飼車寄せよとて。これも思ひの家乃内。はや御出でと勧むれど。心ハ先に行きかぬる。足弱車乃力なき花見なりけり

シテ上 「名も清き。水乃まにく覓め来れば

地 「川ハ音羽の。山桜

シテ 「東路とても

東山せめて。其方乃なつかしや



サシ

地上 「春前に雨あつて花の開くる事早し。秋後に霜なうして落葉遅し。山外に山あつて山盡きず。路中に路多うして道窮まりなし

シテ(中) 「山青く山白くして雲来去す

地 「人楽しみ人愁ふ。これ皆世上乃有様なり

下歌 拍合 誰か言ひし春の色。げに長閑なる東山

上歌

小謡「四條五條乃橋の上」ヨリ「名にも負ふ春の景色かな」マデ

「上 四條五條乃橋の上。四條五條の
橋乃上。老若男女貴賤都鄙。
色めく花衣袖を連ねて行末乃。
雲かと見えて八重一重。咲く九重
乃花盛り名に負ふ春の。景色
かな名に負ふ春乃景色かな

独吟「河原おもてを過ぎ行けば」ヨリ「母乃祈誓を申さん」マデ

ロンギ

「上 河原おもてを過ぎ行けば。急ぐ心の
程もなく。車大路や六波羅の。地蔵
堂よと伏し拝む シテ上「観音も同座あり。
闡提救世の。方便あらたにたらち
ねを守り給へや 地上「げにや守りの末
すぐに。頼む命は白玉乃。愛宕の
寺もうち過ぎぬ。六道の辻とかや

シテ上「げに恐ろしやこの道は。冥途に通ふ

心ぼそ鳥部山

なるものを。心ぼそ鳥部山 地上「煙乃末も霞む。聲も旅雁の横たはる

シテ「北斗の星乃曇りなき 地「御法乃花も開くる シテ中「經書堂ハこれかとよ 地上「そのたらちねを尋ぬる。子安乃塔を過ぎ行けば シテ上「春乃隙行く駒乃道 地「はや程もなく



念誦して母の祈誓を申さん

これぞこの シテ「車宿り 地「馬留めてより花車。おりゐの衣播磨潟飾磨の徒路清水乃。佛の御前に。念誦して母乃祈誓を申さん

ワキ「いかに誰かある ワキツレ「御前に候 ワキ「熊野ハ何處にあるぞ ワキツレ「未だ御堂に御座候

ワキ「何とて遅なはりたるぞ。急いで

ワキツレ（サラリ）「畏つて候。」此方へと申し候へ
いかに朝顔に申し候。はや花の
下の酒宴の始まりて候。急いで
御参りあれとの御事にて候。

ツレ（スラリ）「心得申し候。」
その由仰せられ候へ
いかに申し候。はや花の下の酒
宴の始まりて候。急いで御参り
あれとの御事にては

シテ（閑カニ）「何とはや
酒宴の始まりたると申すか

ツレ（スラリ）「さん候」

シテ（閑カニ）「さらば参らうずるにて候。」

ツレ（スラリ）なうなう皆々近う御参り候へ。

なうなう皆近う御参り候へ

（気ヲカヘ）あら面白の花やな。今を盛りと
見えて候に。何とて御當座
なども（確カリメニ）遊ばされ候はぬぞ

[illegible]國[illegible]

[illegible]在[illegible]尊[illegible]

[illegible]

[illegible]

[illegible]

[illegible]

[illegible]

[illegible] 十一

[illegible]

[illegible]

[illegible]

[illegible]

[illegible]

[illegible]

[illegible]

獨吟「花前に蝶舞ふ紛々たる雪ヨリ「春も千々乃花盛りマデ
囃子「花前に蝶舞ふ紛々たる雪ヨリ「東に歸る名殘かなマデ

シテクリ

クリ（ヨワ）拍合 げにや思ひ内にあれば。色外に
あらはる 地「よしや由なき世乃
習ひ。歎きてもまた餘りあり

サシ シテ「花前に蝶舞ふ紛々たる雪 地「柳上に
鶯飛ぶ片々たる金。花は流水に
随つて香乃来る事疾し。鐘は
寒雲を隔てゝ聲の到る事遅し



クセ 拍合「清水寺の鐘乃聲。祇園精舎を
あらはし。諸行無常の聲やらん。
地主權現乃花の色。娑羅雙樹の
理なり。生者必滅乃世の習ひ。
げに例あるよそほひ。佛も元は
捨てし世の。半ばは雲に上見えぬ。
鷲のお山乃名を残す。寺は桂乃

仕舞「立ち出で峯の雲」ヨリ「春も千々の花盛り」マデ

花やあらぬ初櫻の

大悲擁護の薄霞

花の春ハ清水の

深き情を人や知る

なうなう俄かに村雨のして

橋柱。立ち出でゝ峯の雲。花や
あらぬ初櫻の祇園林下河原
シテ 上「南を遥かに眺むれば 地「大悲
擁護の薄霞。熊野権現の移り
ます御名も同じ今熊野。稲荷の
山の薄紅葉の。青かりし葉の
秋また花の春ハ清水の。たゞ頼め



頼もしき春も千々の花盛り
一セイ シテ 上「山の名の。音羽嵐の花の雪 地「深き
情を。人や知る シテ「わらはお酌に
参り候べし ワキ「いかに熊野一さし
舞ひ候へ 地 上「深き情を。人や知る

中之舞

シテ「なうなう俄かに村雨のして花の
散り候ハいかに ワキ「げにげに村雨の

シテ カル(ヨワ)(不合) 上ニ 「降り来つて花を散らし候よ
「あら心なの村雨やな春雨乃
地 「降るは涙か。降るは涙か櫻花。
散るを惜しまぬ。人やある

散るを惜しまぬ

囃子ノ節略ス
由ありげなる言葉の種ヨリ
「とく〱下り給ふべし」マデ

いかにせん

ワキ 雄カリメニ 「由ありげなる言葉の種取り上げ
見れば。
カル(ヨワ)(不合) 中 別ニ いかにせん。都の春も惜しけれど
シテ 中 シットリ 「馴れし東の花や散るらん

熊野　十四

ワキ 雄カリメニ 「げに道理なり哀れなりはやく
暇取らするぞ東に下りゆくべ
シテ カル(ヨワ)(不合) 上 カヽツテスラリ 「なに御暇と候ふや
ワキ 雄カリメニ 「なかく乃
事とく〱下り給ふべし
シテ カル(ヨワ)(不合) 中ニ 閑カニ 「あら嬉しや尊やなこれ観音乃
御利生なり。これまでなりや
嬉しやな
地 (中) ウケテ 「これまでなりや

たゞこのまゝに
お暇と

明け行く

東に帰る名残かな

嬉しやな。かくて都にお供せば。
またもや御意の変るべきたゞ
このまゝにお暇と。木綿附の鳥が
啼く東路さして行く道の。軈て
休らふ逢坂の。関の戸ざしも
心して。明け行く後の山見えて。
花を見捨つる雁のそれは越路
我もまた。東に帰る名残かな
東に帰る名残かな

熊野　十五終

令和二年六月十七日印刷
令和二年六月十七日発行



観世流
大成版

観世宗家

訂正著作者　廿四世 観世左近

発行兼印刷者　檜常正

発行所　檜書店
〒一〇一—〇〇五二
東京都千代田区神田小川町二ノ一
電話〇三（三二九一）二四八八
FAX〇三（三二九五）三五五四
http://www.hinoki-shoten.co.jp

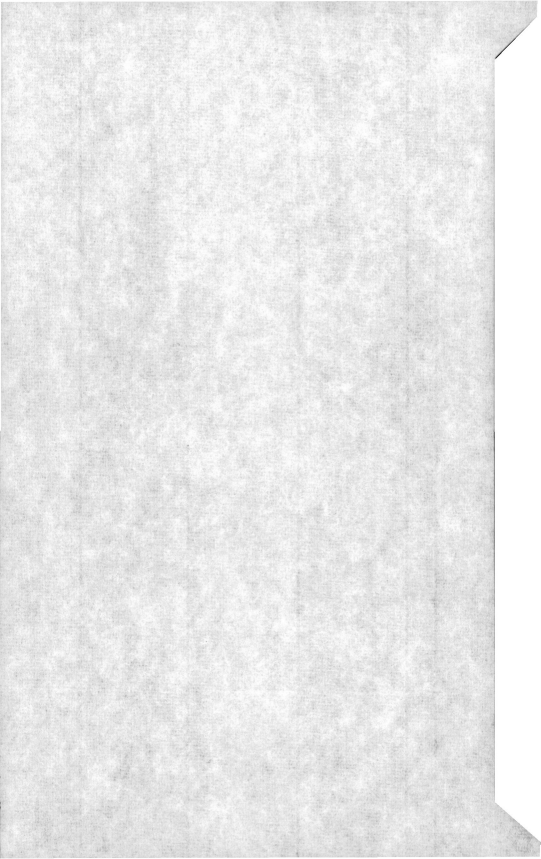